COCOMATCHO et POULANDRE

ECRIT ET ILLUSTRÉ PAR
Audrey Derval

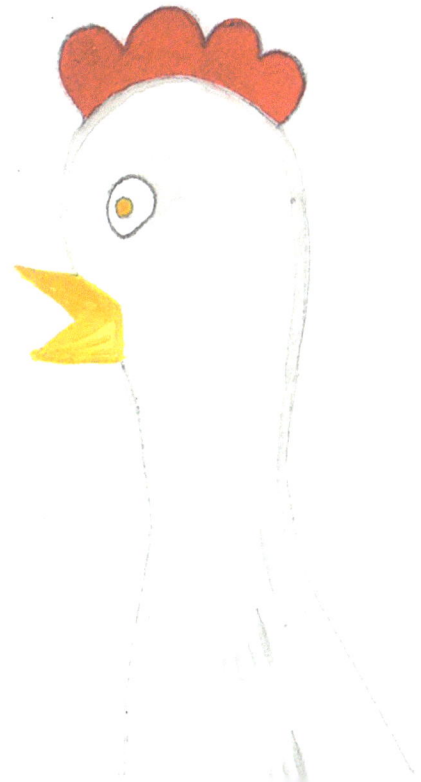

DÉDICACE...

Je dédie cette histoire aux élèves de
l'école maternelle de Milhac, sans eux
je n'aurais pas eu l'envie de créer.

Je remercie Maîtresse Audrey qui
m'a encouragée et corrigée.

Et je remercie mon mari et mes enfants
pour leur patience et leur soutien.

Les poules sont
toujours roses.

POUAT POUAT
POUAT POUAT

N'importe quoi !
Moi, je suis bleue.

Les poules sont
toutes en jupe.

Les poules ne courent pas vite.

DÉPART

POUAT POUAT POUAT POUAT

N'importe quoi !
Moi, je te porte
quand je veux.

les poules s'occupent des poussins au poulailler.

POUAT POUAT POUAT POUAT

N'importe quoi !
Moi, je vais
travailler.

Les coqs sont tous comme Cocomatcho.

CO CO
RI CO

N'importe quoi !
Moi, je respecte
les poules.

Les coqs pensent qu'ils sont les plus beaux.

Les coqs pensent qu'ils courent vite.

ARRIVÉE

ARRIVÉE

CO CO
RI CO

N'importe quoi !
Moi, je suis
toujours en
dernier.

Les coqs
veulent toujours
être les chefs.

BUREAU DU
PATRON

CO CO RI CO

N'importe quoi !
Moi, je garde
mes poussins au
poulailler.

Les coqs
pensent être
les plus forts.

CO CO RI CO

N'importe quoi !
On a surtout
besoin les uns
des autres.

Mais alors...

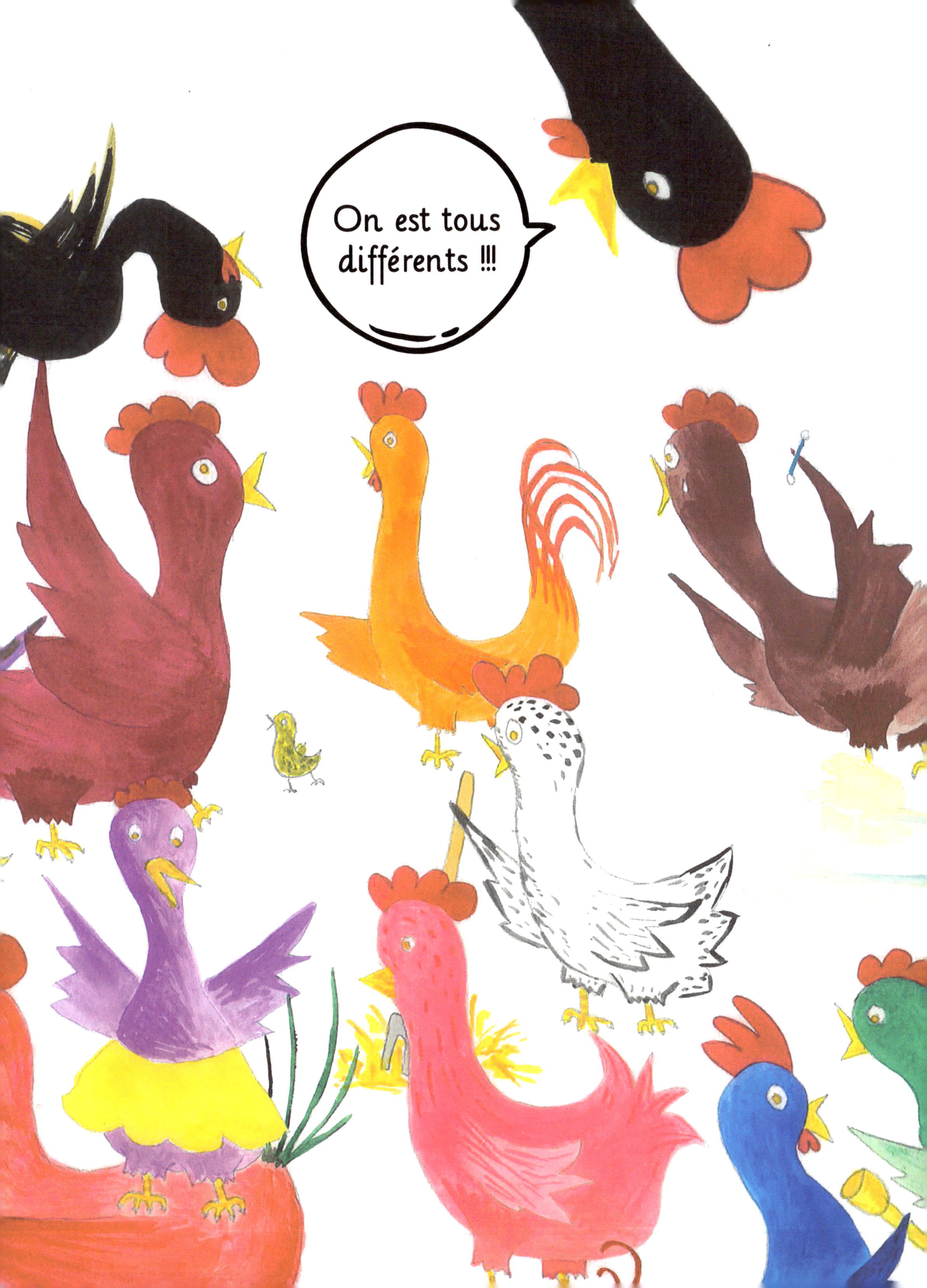
On est tous différents !!!

DÉCOUVREZ L'UNIVERS DE REFLECTION LINE

Une histoire pour s'endormir

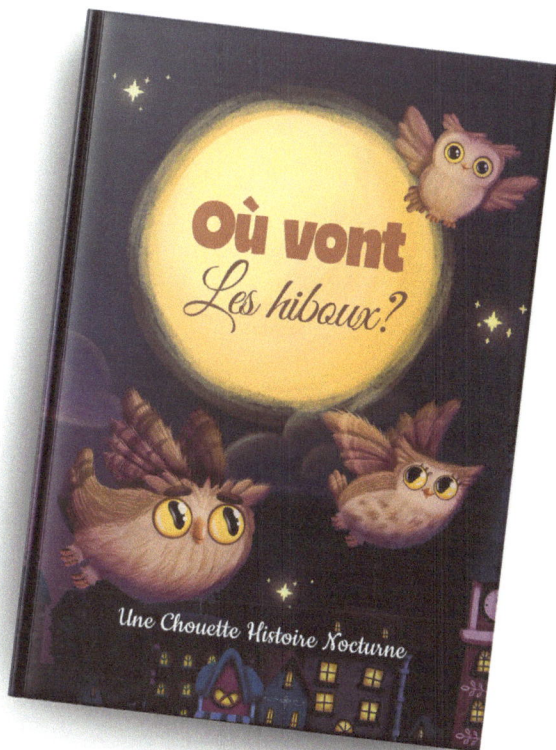

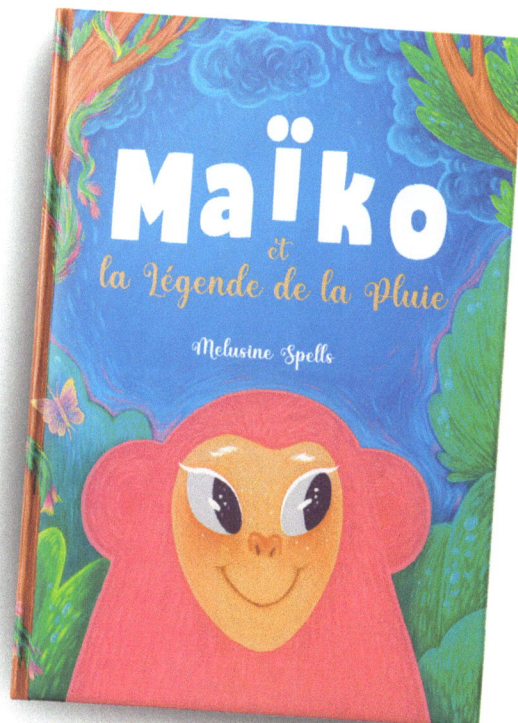

Où vont Les hiboux?

Une Chouette Histoire Nocturne

Maïko et la Légende de la Pluie

Melusine Spells

SOLUS L'extraterrestre Solitaire

Une Aventure Spatiale à Travers Le Système Solaire

AndrewSolo

Une Aventure Spatiale

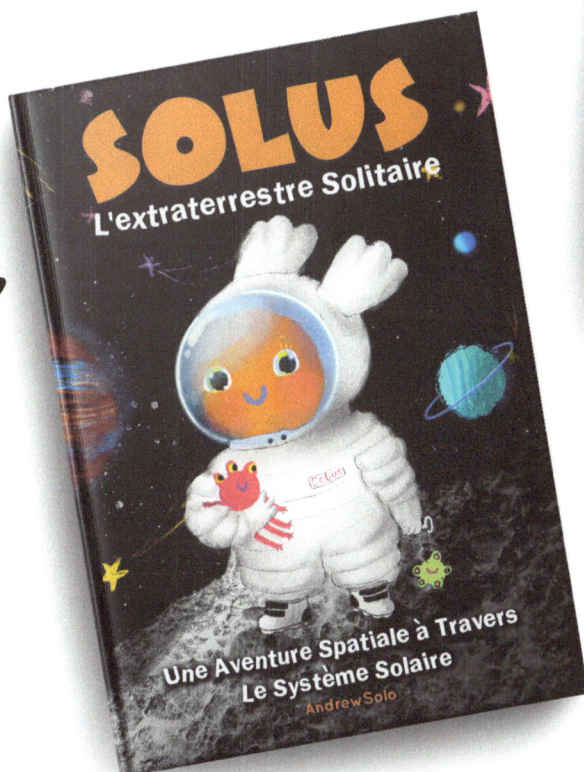

Le voyage à travers la jungle

COCOMATCHO et POULANDRE

Ecrit et illustré par Audrey Derval

ISBN 978-1-915724-23-6

REFLECTION LINE
WWW.REFLECTIONLINE.COM

@REFLECTION.LINE   @REFLECTIONLINE   @REFLECTION_LINE

www.ingramcontent.com/pod-product-compliance
Lightning Source LLC
LaVergne TN
LVHW072135070426
835513LV00003B/113